〈13시〉 동인 창간호

13시

만인사

| 발간사 |

〈13시〉 창간을 하면서

멀리 낙동강을 스친 바람이 강나루 개망초를 흔들고 지친 물길은 자꾸만 젖은 초승달을 따라 갑니다.

한 사람의 꿈은 꿈이지만 만인의 꿈은 현실이라는 것과 지금껏 얼마나 많이 알고 있는가 보다 얼마나 모르고 살아가는가를 생각합니다.

〈13시〉 동인은 2013년 섞을 수 없는 각각의 뚜렷한 색을 가진 13명의 시인들이 모였습니다.

어언 3년 동안 우리는 서로를 마음에 담고, 가끔씩 꺼내어 다정을 나누기도 하였습니다. 이제 처음으로 그 마음을 여기 한 곳에 담고자합니다.

2015년 늦은 가을에

〈13시〉 동인 회장 박태진

차 례

| 발간사 |

박태진

변희수

사윤수

신윤자

김 상 윤

강원도 영월 출생
2002년 『문학세계』로 등단
시집 『그대 손은 따스하다』,
『슈뢰딩거의 고양이』 출간

bomsan4@hanmail.net

지난 계절 기운 없이 앓던 제라늄이
가녀린 꽃대 내밀어 초록 방 꽃잎 문을 다시 열었다.
11월에 저 고운 주홍빛을 어떻게 빚었을까
마치 시가 오는 것 같다.

봄, 소요산

산수유, 목련, 개나리 차례차례 사방을 비추던 꽃 지고

아기 잎새 손짓하는 연두빛 발광체 잠시 빛났던 나무가
점점 민초록으로 평범해진다

사랑을 잃는 사람처럼 성성(狌狌)*은 숲을 헤매고 현명해지려는 사람들은
가슴 속에 미곡(迷穀)**을 넣고 다닌다

꽃을 빛었던 별자리 어느덧
산 너머로 지고 있다

꽃빛 대신 푸른 빛 돋아 설렘 가라앉히는 숲
어미 새가 둥지를 데우고 있다

---

*『산해경』에 소요산에 살며 사람처럼 걸어 다니는 짐승

**몸에 차고 다니면 미혹함을 없앨 수 있다고 하는 꽃

항성계

A는 항성계 밖으로 간 것일까
아직 답이 없다 거기서 지구까지 얼마나 걸리는 걸까

낚싯줄 팽팽히 당겨진다 지구가 물린 거다 행성들의 궤도는 탱탱했다 보이지 않아도 늘 당겨지고 있어 새들의 바람소리는 지상의 바람소리와 달랐다 새들은 중력을 극복하려 어깨 근육 파닥여 수천 번 공기를 밀어내야 한다

추락하다 멈춰질 때의 느낌 추락해보아야만 알 수 있으리
이쯤에서 멈춰볼까 멈추면 추락이 오고 추락은 다시 멈춤을 불러올까
거대 항성 우리를 잡고 있어 계속 날아야만 항로를 잃지 않으리 추락하는 것의 날개는 어느 순간 솟구치는가

아침 해에 물고기 비늘이 웃는다
깊은 지구 저 아래로 낚시 드리우고 사람이 바위처럼

앉아 있다
A는 항성계로 언제 돌아올까
귓전을 스치는 바람소리 햇빛이 사물의 모습 제대로 회복시킬 때 그 투명함 가슴 시리다

지구는 날고 있되 낚싯줄에 물려있고
우주에서 들려오는 바람소리 나를 관통하고
답이 왔을 때 이미 나는 내가 아닐지 모르는데

개기일식

'나를 사랑해?' 그렇다고 답하는 베를렌느의 손바닥을 랭보는 나이프로 찍어버렸어 결별을 고하는 랭보에게 그의 총알 빗나가 손바닥을 맞추었지 그래 결국에 둘은 같은 부위에 상처가 생겼네*

어느 프랑스 영화, 그녀는 그를 결코 잊을 수 없었지 최후로 찾아간 절정의 순간에 총을 쏘았다네 둘은 무덤 속에 한 몸으로 잠들게 되었지

달이 태양을 향해 다가가네 강렬한 햇빛 달은 핏기 없는 얼굴 슬픔이 번져 예정된 운명 예정된 좌표부터 타들어가네 이윽고 검은 동그라미 완벽해졌을 때

들리는 총성, 하늘의 검은 구멍이 천지를 먹었네 깜깜한 밤이야 아무것도 생각나지 않는 오직 너와 내가 하나 되었다는 것만 느낄 수 있는

그러나 알고 있지 합일의 시간은 찰라의 시간 발사된 총알의 속도처럼 죽어도 좋았을까? 그들은 함께 지구를 떠나갔네 영원의 시간 속으로

눈물 흘리며 우주에서 보았을 때 그것은 환상, 헛헛한 일이었네, 드리워진 달그림자 속에 그들 잠시 머물렀을 뿐, 사랑은 잡을 수 없었네

---

*영화 「토탈 이클립스」는 랭보와 베를렌느가 주고 받은 편지 내용을 바탕으로 만들어짐.

궁수자리

눈에서 핏물 흐르고
가슴에선 피가 고여 떨어져
괴물 히드라의 맹독 영원히 치유되지 않는
상처가 심장에 박힌 화살과 함께 소리쳐

수도 없이 화살을 날린 세상은
즐거워 아무것도 듣지 못해
눈물의 붉은 빛도 보지 못해

피가 말라 죽는다는 게
이런 걸까 안팎으로 멈추지 않는 출혈
아물지 않는 상처를 아무도 깨닫지 못하는

시간은 흐르되 흐르지 않고
공간은 떠돌되 예정된 좌표를 벗어날 수 없고

생은 원래 다 그렇지 참아 웃으며

카이론처럼 사는 사람들 여기 있어
죽음이 찾아오기에 어쩌면 다행인

어디서 희망을 찾을까 내 생의 소원
별자리로 빛나게 된 카이론

반죽

너와 내가 같은 반죽이라면 우리는
서로를 찾을 필요 없고 슬퍼할 필요 없고
하나의 질료로서
식빵이 되거나 반찬통이 되거나 집이 되거나

한 덩어리는 완벽한 합체
모든 왜에 모두 답이 있는 건 아니지만
우주도 불덩어리 반죽이었을 때
슬프지 않았을 것이다.

김 형 범

충북 충주 출생
2010년 『사람의문학』으로 등단
대구문학아카데미 회장
푸른방송 문화센터 실장
hbkim1173@hanmail.net

어느새 단풍이 절정이다.
진액이 다 빠져야 저리 곱게 물든다.
시도 그러 한데
설익은 글을 미련스럽게 보내고
동인들께 누가 될 것 같아 마음이 타들어 간다.
지적 근육을 키운다는
매력덩어리 시,
짝사랑인 줄 알면서도 지독하게 해 보련다.

대나무

산 그늘 숨어드는 뒷뜰에서
꽃가마 떠난 자리 바라보며 다리가 저리도록 서 있습니다
비우면 날아오를까 속마음까지 비우고 비웠습니다
내 마음 흩어질까 마디마디 동여도 매었습니다
서걱대는 마음 흔들리는 내가 미워
잔가지로 내 종아리 매질도 해 보았습니다

이제는 기다림 밀어내고
어느 풍물패 깃대가 되어
그대에게 달려가 춤추고 싶습니다

스쳐가는 바람으로
이 몸 매끈한 중간쯤 잘라 피리가 되어
잠 못 드는 밤
그대 창가에서 울고 싶습니다

비가 내리는 날은

그냥 안부가 궁금하다
가슴에 묻어 두었던 빛바랜 기억들이
가만히 번져온다

그러다 문득
부끄러운 시간들이
나뭇잎에 물방울 떨어지듯
우연히 만날 수 있다면
속마음 말할 수는 없어도
내 안에 그대가 늘 있다

처음 만나는 날도 비가 왔다
얼마나 많은 시간이 흘러야
조각구름처럼 흩어지려나
이런 날은 바람을 등에 지고
별을 찾아 끝없이 가고 싶다

상사화가 꽃대를 밀어올리는 밤

홀로 창가에 앉아 별을 찾는다
언뜻 보이다 스쳐가는 별 하나
작은 나뭇가지에 매달려 있다

처음처럼, 처음같이,
늘 피어있는 그대의
남기고 간 시린 바람이 소리없이 볼에 흐르네

내 안에 나보다 더 내 안에 있는 그대
내 그리움의 무게가
말도 못할 만큼 아파
아무렇지 않은 척 하늘만 바라보네

그림자 같은 사람
나는 아무것도 줄 것이 없네

시

그늘이 없는
결이 고운 그녀

여름날
소나기처럼 달려와 나를 삼켰다

어느날
캄캄한 내 안에 들어와 촛불을 켜고
적막한 나의 뜰에 꽃을 피우고
허기진 마음 촘촘히 채웠다

늦은 밤
창문 두드리는 소리에
뛰어 나가니 바람이었네

어둠 속에서
젖은 바람이 툭 치고 달아난다

봄에게

부끄러운 속살을 불쑥 들어 올린다
기다림 뒤에서
어둠으로 동여맨 다짐들
한순간 툭, 소름으로 돋아나고
부어오른 가슴 소리 없이 아우성치다
기어이 터지고야 만다

돌 틈 사이 깊이 묻어 두었던
그 마음은
실 끊어진 연처럼 돌아보지도 않고 떠난다.
잠시 머물다 갈
그 따스한 햇살 속으로

박 언 숙

경남 합천 출생
2005년 『애지』로 등단

sopia625@hanmail.net

툭툭 칠 때
돌아보지 말 것을…
슬며시 손잡아 주던 그 곁에서
노닐다가 여기가 어디일까?
꽃밭인지 가시밭인지 구별도 못한 채
밀고 당겨도 진척 없는 밀당
이 시 놀이가 어떻게 진행될지
후후후 너는 아니?

13이라는 숫자

글쎄 거기가 어디일까 도무지 알 수 없는
한 발 더 나갈 수도 뒤로 물러설 수도 없는
그러나 없어지지도 않는 열세 번째의 시간
거기 누구도 자신 있게 알람을 울리지 못한다는

글쎄 뭔 까닭으로 어스럼 저녁에 눈물은 났는지
달이 기울 때면 열두 시가 모자라 애석하다 그랬었나
달이 차고 밤이 살찔 때면 허허롭기 그지없다 우긴다더니
끈질긴 불면증을 덮어 놓고 드나들어도 될 안전지대 같다는

글쎄 이러지도 저러지도 못하는 한 무리들이
국경선을 넘나들듯 자세를 납작 엎드리고
조급증으로 아부 떨다가 이 눈치 저 눈치 던지고
에라 모르겠다
만천하에 까발린 유다의 고자질 같이 얄게
알짱거리다가 어디론지 유령선처럼 떠돈다는 소문 듣는다

달팽이 소묘

들이민다
아니 붙들고 늘어진다
아니다 오히려 끌어당긴다
아예 등줄을 뚝뚝 끊어내고 있다
등줄 따라 오그라드는 저 맨몸의 치수
등에 그은 줄이라 등줄이지 똥줄인 것을
몸의 반을 갈라놓은 등줄
한 번 밀기 위해서 오그라붙이는 압축의 끝을 본다
똥줄 타게 살아내는 것이 세상사라는 듯
목숨 부지하는 미물의 맨 몸짓
이 세상 여러 몸들 즐비하여
똥줄 태우며 줄을 긋고 또 긋는
뜨거운 퍼포먼스를 본다
민달팽이 한 마리
홀랑 벗은 몸으로 세상의 경계선을 넘어
혓바닥처럼 배를 쑥 내민다
예민해진 촉수의 길이 있는 대로 홀랑 꺼내놓고

쑥쑥 뽑아올려 휘둘러보는 촉수
실오라기 한 올 걸치지 않은 몸
초라하지만은 않다
똥줄 태워 그려내는 화끈한 획

앵무새, 날개가 없다

"굴이 한 보따리에 오천 원,
싱싱한 굴이 오천 원에 한 보따리!"
12월의 아침 7시 몹시 춥다

컬컬한 사내의 목소리가
한겨울 아침을 더 부추기는 건
다급한 저 모가지에 매달려서
빤히 들여다볼 식솔들 목구멍이 더 급하구나 싶다

밤 새워 먼 바다 건져다가
도심 골목 끝에다 내동댕이 치는 것 좀 봐라
신발 뒤꿈치에 밟힌 바짓단 뺄 새도 없이
바삐 밥벌이 나서는 또 다른 모가지에 매달리며
어느 목구멍이 더 급한지 보채는
유일한 심복 앵무새의 발악

꿈틀대며 게으름이 멱살 잡는

몹시 추운 12월의 아침 7시
확,
게으름을 걷어차는 저 울림통

못갖춘마디를 읽다

지하철을 타러 지하로 내려간다
슬리퍼를 신고, 런닝화를 신고,
혹은 하루만큼 아찔한 킬힐을 신고
한 계단 두 계단 삼백육십 다섯 계단 셀 틈도 없이

줄지어 꾸물꾸물 기어오르고 내려가는
쫓기지 않는 백수 생활이란 참으로 한갓져서
어쩌다 눈꺼풀에 웬 콩깍지가 덮였는지
다초점 안경 밖으로 피사체가 울렁거리면
낯익은 노약자석이 낯설고 낯선 체온이 낯익은지

두 개의 눈알 번득이며 어둠의 굴에서 튀어나오는
방향잡이 더듬이에 졸음이 몰리는 기관사와 스치고
문득 안면 없이 지나쳐야 하는 저 쓸쓸함을 공유한다
벌써 어둠에다 들이민 대가리 쪽을 홀로 견디는 그림자
양쪽 옆구리마다 발이란 발은 빼곡하게 매달고 떠난다

만상들로 우글거리는 궁금하기 짝이 없는 저 뱃속
충혈된 눈알 두 개와 마디마디가 쑤시는 지네를 본다

참새 가볍게 만진 날의 일기

몹시 불편했던 혹한의 오후였다
손 꺼내기도 싫어 호주머니 속 어둠을 만지작거리고 걸었다
아주 잠깐 사이 바람 속에서 새 한 마리 떨고 있었고
멈춘 발걸음에 바람이 잠시 선심 쓰듯 멈춰 준 덕분이었다
엄지와 집게손가락 둥글게 말아 새끼참새를 보듬어 본다
마치 내가 상위계층의 선심인 양 옷깃을 열어 되도록 깊이
어미였으므로 비록 마른 젖줄의 모체본성에 충실하듯 여념 없었다
시린 내 손바닥으로 건너온 엄지손가락만한 새의 체온이 당도하기까지
참깨씨 만한 실눈 깜박이며 팔락거리는 심장박동이 만져지기까지는
그러다가 내 엄지와 집게손가락의 서툰 힘 조절에
몹시 불편해하며 채송화 잎사귀 같은 부리를 삐죽거리는 사이
차마 만져지지 않는 깃털의 보드라움과 눈치채지 못한

발톱의 날섬

손바닥 위를 도움닫기하여 눈깜박할 사이
팽팽하던 겨울 허공을 날카로이 찢는 도약
먼지만한 나의 착시를 산산히 부수고 튕겨오르는 비상
새끼참새의 심장박동보다 더 가벼워진 헛손질
어디로 날려보내야 할지는 참으로 하찮은 나의 걱정이었고
그야말로 참새 꼬리만한 혹한의 하루였고
어이없지만 비켜갈 수 없는 만남이었다
어쩔 수 없는 눈꼽만한 이별이었다
참으로 어찌하지 못할 영역이었다

박 태 진

경북 경주 출생
2008년《문장》으로 등단
시집『물의 무늬가 바람이다』출간
(주)태광아이엔씨 대표이사
tjpark11@hanmail.net

낙엽 하나가
낙동강 사문진 나루에 떨어져
물 따라 흘러간다.

그렇게 그렇게 수수하게
얼룩 없이 살고 싶었지만
세상은 만만치 않다.

돌부처 같이 모른 척
들풀 같이 그냥그냥 살고 싶어도
춘하추동은 어쩔 수 없다.

저무는 강가에
고행을 벗어두고
살랑살랑 세월을 버리는
바람이고 싶다.

제주돌

제주 어디서나 발에 차이는
여물게 생기지도 않은
돌 같지 않은 돌

물 젖어도 얼룩 없이
바람 스쳐도 변함없이
때가 타도 수수한

못난 것이
버석한 것이
친구 삼고 싶은

적천사에서

적천사 가는 길이
꾸불꾸불 오르막이다.
내 살아온 길 같이.

산 아래 몇몇 가옥들
발 아래 군데군데 질경이
가랑비에 세수를 하고
하얀 고행을 벗어둔
친정 같은 선방 쭉담에
하늘색 꽃마리 쭈그리고 앉았는데
살랑살랑 바람이 세월을 버린다.

어디서 어디로 어떻게 굽었는지
한 나그네
수백 년 은행나무 밑을 떠나지 못하고
돌아갈 길을
돌아갈 길을 찾고 있다.

부처

경주 남산 산비탈에
돌부처 삐딱하게 넘어져 있다.
넘어진지 수백 년된 듯한데
힘들다 외롭다하지 않는다.
고개 숙여 밑으로 보니
넘어지면서 다쳤는지
코가 날아가고
상처가 있어도 웃고 있다.
중심이 잡히지 않아 힘들 텐데
그래도 웃고 있다.
세상이 삐딱하게 넘어진 걸까.

지친 석양이 어깨에 걸터앉아도
아무 말하지 않는다.

질경이

윤회병원 뒷마당
낙엽 사이로
나른한 햇살 쪼이고 있다.

집과 자식을 잃어버리고
자신까지 잃어버리고
물음 앞에 한참 말없이 머물다
보고 싶어 오래 바라보면
왠지 낯설어진다.

잃어버린 세월이지만
가끔씩 자식이 눈물과 겹치어
앙상하게 마른 질경이
멍울 맺히고

다 버린 줄 알았던 입칠
아직 턱 밑에 모질고

다 잊은 줄 알았던 막내자식
아직 손끝에 시리다.

겨울이 다가오고 있다.
상처난 잎새 말라가고 있다.

아마도

산비탈 돌 틈 사이 민들레
티 없이 노란 얼굴이
아프리카 탄자니아 그 아이 같다.

눈으로 말하고
사진 몇 장 찍고 돌아서는데
끝까지 보고 있다.

아마도
그것이 이 세상
마지막인 줄 아는가 보다.

변 희 수

경남 밀양 출생
2011년 《영남일보》 신춘문예로 등단
2013년 천강문학상 수상
sougi22@hanmail.net

모자를 닮아서 패랭이랬지.
술패랭이꽃처럼 시곗바늘이 빙글빙글 도는 동안
어떤 말들은 나비 날개에 얹혀있고
어떤 말들은 꽃술처럼 파르르 떨기도 했다.
찻물이 끓고 식물도감을 살피는 사이
천천히 수증기처럼 피어오르는 중얼거림이란
대체로 이런 류의 옹색한 것들이었다.

'어머, 저 창 밖의 안색이란 안색들은 죄다 색을 지워버렸구나!'
'지금이……, 가을이야?'
'아직도 분홍색 술 달린 모자를 쓸까말까 망설이고 있는데……'
그러고 보니 모자가 날아 가버린 들판이 참 많이 가벼워졌겠다.

척

자는 건지, 자는 척하는 건지
아침 중앙로역사 사내 둘 나란히 잠들어 있다
척하는데 이골이 난 모양
짐짓 잠이 깊다
경계 밖으로 한 발자국도 걸어나갈 수 없을 때
저 척이라는 유일한 울타리
아무렇지도 않은 척
출근길 구둣발자국 소리가
사내의 잠을 요란하게 밟고 지나간다
그때마다 더 단단하게 오그라드는 척
지하도를 가파르게 오르다 보면
볼모처럼 붙잡혀 있는 도시의 가로수도 푸른 척
하이힐을 신은 아가씨의 뒷굽도 괜찮은 척
척, 척, 척하며 걸어가는 어깨들 사이
나도 모르게 또 척하고 끼어드는
하아! 나라는 척
지겨운 줄도 모르고
한 발자국도 벗어날 수 없는

별미

취하게 하는 맛들이 있다
한 때 달콤한 맛이 좋았고
입에 착 달라붙는 감칠맛에 끌리기도 했다
입맛은 변심이 심해서 씁쓸하니
쓴맛도 제법 매력적이었는데
언제부턴가 그저 슴슴한 맛이 좋다
별별 맛보다 훨씬 별미에 속한다

함께 밥 먹어보면
자꾸 물이 쓰이는 사람들이 있다
그래도 더러 심심한 듯 무심한 듯
슴슴한 맛을 내는 사람들도 있는데
별반 차린 것도 없이 맛을 내는 사람들이다
그런 사람들과 밥 먹고 나면
물이 아니라 사람이 땡긴다

요리하는 사람들은 슴슴하다는 걸 두고

자기 맛을 잃지 않는 거라고 했고
다른 맛을 죽이지 않는 거라고 했다
또 병을 다스리는 이들은
슴슴과 사귀라고 대놓고 권하기도 했다
슴슴은 앉을 자리가 있고
발 뻗어 볼 자리가 있다
슴슴과 겸상하고 싶은 날들이 점점 많아진다

삿포르
—연에게

국경의 긴 터널을 빠져나오자, 눈의 고장이었다고 한
가와바타 야스나리의 첫 줄을 훔치듯

그곳은 언제나 설국이다

그리움은 얼룩이 많은데도 불구하고 늘 하양에 가깝다
제 키보다 높은 눈길을 또박또박 걸어갈 어떤 배경을
멀리서 들여다본다

눈의 고요와 눈의 분주함
눈은 녹지 않고 두껍게 쌓여서 여백을 만든다

투명한 그늘을 만드는 백지처럼
홋카이도나 삿포르 이런 이름도 사실은 여백이다

오겡기 데스까라고 물어야 할 것처럼
한 철 내내 쌓이는 것들의 안부들

삿포르 하고 부르면 입김이 서리고 발자국이 생긴다
근원적인 것들은 대체로 잘 녹지 않고
한쪽 어깨가 시린 색깔들이다

시화전에서 수로부인을 생각하다

음악과 그림의 환대를 받으며
허공의 벽에 시들이 걸려있다
아슬아슬한 벼랑 위에 핀 꽃처럼
천애 수직의 절벽에 매달려 있는 위험한 꽃
벼랑 끝에서만 간신히 피는 벼랑 꽃
한 줄 두 줄 발 딛은 곳이 겨우 허공이라니
뿌리내릴 곳 없는,
아무리 손 뻗어도 닿지 못할
멀고 먼 저 환영幻影의 꽃!

등 뒤에 박힌 못 자국이 생화처럼 따끔거리는
오후의 범어아트스트리트
잠시 고삐를 놓고
꽃 꺾으러 나온 사람들이
아득한 벼랑 쳐다보고 있다

대명동블루스
—유목민

아직도 앞산 밑에 대명동이라는 동네는 골목이 많고 키 큰 전봇대가 여전하고 오선지처럼 전깃줄에 걸린 새들이 짹짹짹 입방아를 찧고 아직도 그 동네는 골목을 달려 나오는 소리가 있고 골목을 기어들어가는 꼬리가 있고 대명동은 대명동이 아니랄까봐 보름만 되면 건달 같은 달이 오줌없이 골목을 기웃거리고 아직도 대명동은 유목의 기질이 다분한 글쟁이가 살고 그 글쟁이가 벌이는 한량놀음에 어절씨구 저절씨구 구리구리 사람냄새나 풍기고 냄새따라 풍류들이 송사리 떼처럼 오글오글 몰려다니고 대명동은 명이 긴 사람들이 가파르게 붙어살아 앞산과 뒷산 사이가 천지지간 大明해서 어화둥둥 둥기둥기 마음의 명동이고

사 윤 수

경북 청도 출생

2011년 『현대시학』으로 등단

시집 『파온』 출간

2009년 아르코 창작지원금 받음

ebomnal@hanmail.net

시가 내 더운 이마를 짚어주네.
시가 내 마른 입을 적셔주네.

안개와 구름과 해와
불꽃의 살을 바르고 뼈를 고아
시가 내게 상을 차려주네.

비꽃

폭우는 허공에서 땅 쪽으로 격렬히 꽃피우는 방식이다 나는 비의 뿌리와 이파리를 본 적이 없다. 일체가 투명한 줄기들, 야위어 야위어 쏟아진다. 빗줄기는 현악기를 닮았으나 타악기 기질을 가진 수생식물이다. 꽃을 피우기 위해 비에겐 나비가 아니라 영혼이 깨지는 순간이 필요한 것. 두두두두두두 타닥타닥타닥타닥타닥 끊임없이 현이 끊어지는 소리, 불꽃이 메마른 가지를 거세게 태울 때의 비명이 거기서 들린다. 꽃무릇의 핏물을 한 방울도 남김없이 다 뺐다고 치자. 그게 백혈병을 앓는 군락지처럼 줄기차게 거꾸로 드리우는 것이 폭우다. 추락의 끝에서 단 한 순간 피고 지는 비꽃. 낮게낮게 낱낱이 소멸하는 비의 꽃잎들,

비꽃 한 아름 꺾어 화병에 꽂으려는 습관을 아직 버리지 못했다.

청자상감매죽유문장진주명매병

그날 밤 소쩍새 소리에 처음 눈을 떴습니다 검은 허공이 실핏줄로 금이 가 있었습니다 사깃가마 속 사흘 밤낮 회돌이치는 불바람이 나를 만들었지요 흙이던 때를 잊고 또 잊어라 했습니다 별을 토하듯 우는 소쩍새도 그렇게 득음하였을까요 나는 홀로 남겨지고, 돌아보니 저만치 자기瓷器 파편 산산이 푸른 안개처럼 쌓여 있었습니다

모서리에 기러기 매듭 끈이 달린 국화칠색단 남분홍 보자기가 나를 데려갔습니다 다포 겹처마 팔작지붕 아래 슬기둥 덩뜰당뜰 당다짓도로 당다둥 뜰당* 거문고 소리 깊은 집이었습니다 달빛 애애한 밤 오동 잎사귀 워석버석 뒤척이면 나는 남몰래 사수 겹머리사위체 춤을 추곤했지요 대숲에 댑바람 눈설레 치고 지고 내 몸에 아로새겨진 버드나무에도 당초호접무늬 봄이 수백 번 오갔습니다

여기는 커다란 하나의 무덤 그 속에 작은 유리 무덤들, 이제 나는 침침한 불빛에 갇혀 있습니다 내가 죽은 것인

지 산 것인지 나도 모르는데 날마다 많은 사람들 들어와 나를 쳐다봅니다 밖에는 복사꽃 붉은 비처럼 어지러이 떨어지는지** 전해주는 이 아무도 없고 그 사이로 천 년의 강물 흘러갑니다 때로는 내가 흙이던 날의 기억 아슴아슴 젖어옵니다 누가 이곳에 대신 있어 준다면 나는 잠시 꿈엔 듯 다녀오고 싶건만 아, 그 소쩍새는 아직 울고 있을까요

---

*슬기둥 덩뜰당뜰 당다짓도로 당다둥 뜰당(어느 책에서 빌림).

**매병에 새겨진 「장진주(將進酒)」 가운데 도화난락여홍우(桃花亂落如紅雨).

빨래가 마르는 시간

마치 아무 일 없었다는 듯 빨래가 널려 있다
이동 건조대 가득 큰 대자로
위쪽은 나란히 직수굿하고
아래는 넌출진 구비를 드리운다
세탁기 속에서 혼비백산
그 컴컴하고 거친 물살을 통과한 기억이
빨래에게는 없는 것 같다
머릿속까지 표백되었을지도 모르니

세상에는 매달려서 견디는 것들이 많다
나도 어떤 것에 안간힘으로 매달려
한사코 떨어지지 않으려던 때가 있었다
외줄을 잡고 젖은 빨래처럼 허공에서 뒤채었다
씨앗이 여무는 시간도 그러했으리라
양팔 가득히 빨래를 걸치고 서 있는 건조대가
수령 오래된 한 그루 빨래나무 같다

은결든 물기와 구김을 다림질해주듯
햇볕이 자근자근 빨래의 등뼈를 밟고 다닌다
어느 어진 이의 심성과 순교의 윤회일까
제 본분인 양 빨래는
모짝모짝 부지런히 말라간다
마치 아무 일 없다는 듯
그 배경에 잠풀 향기 은은하다

마포종점

그곳이 어디쯤인지 짐작되지만 나는 그곳에 가 본적이 없다 남자가 내게 물었다 좋아하는 노래가 뭐냐고, 마포종점이라고 했다 내게 마포종점의 계절은 겨울이었다 오래전 가요무대에 그 노래가 나왔을 때 화면엔 일기예보 자막이 스멀스멀 지나가고 있었다 고드름처럼 두꺼운 영하의 온도 숫자와 폭설 주의보가 계속 반복되었다 아픈 시 같았다 어디선가 마포가 새하얗게 절규하며 얼어붙는 밤이었을 것이다

남자가 내게 물었다 좋아하는 가수가 누구냐고, 마포종점을 부른 은방울자매라고 대답했다 클래식을 좋아하는 그는 곧바로 떠나갔다 출발도 하지 않았는데 나는 종점에서서 갈길 없는 밤 전차가 되었다 몇 년 전 자매 중에 한 사람이 세상과 이별했다 부처 같은 나의 큰이모를 닮은 그녀, 포구의 강물이 여전히 내가 가 본 적 없는 영등포와 여의도와 당인리 발전소에까지 쓸쓸히 젖어들었겠다

갓 쓰고 두루마기를 입은 사람이 마포 나루에 서 있는 흑백 사진을 본 적이 있다 그러나 아직 마포종점이 있는

지, 어디에 있는지 나는 알고 싶지 않다 그것에 대해 내게 말하지 말라 다만, 노래에 관한 얘기라면 나는 마포종점을 빼놓을 수 없다 마포종점도 불멸의 클래식이므로 나는 그 힘으로 견딜만하다 서글프지 않으니 나의 마포는

늦은 가을

목관악기로 불어넣은
깊고 긴 숨은
악기 속 어느 마을에 닿아
키 큰 나무숲을 흔드는가

소프라노의 금빛 드레스가
노을에 야위어가는 오후,
소리는 소리를 닮지 않은
먼 곳으로부터 와서
점점 빛나는 소리가 되었다

저무는 서쪽 얼굴에
윤슬이 그렁그렁하다
저 빛은 죽은 사람들이 잠시 다녀가는
젖은 발자국

숲 너머 긴 강물이

당신의 연주를 안고 흘러간다
목관악기가 붉게 부서진다

신 윤 자

충남 논산 출생
2010년 『문장』, 2011년 『심상』으로 등단

poem9005@hanmail.net

지독히도
첼로 음색에 설레이던 때가 있었다.
선명하고 칼칼함 비켜
낮고 울림이 있는 소리가
지금도 좋다.
현만으로는 완성되지 않는
활이 닿고 미끄러져서야 숙성된 떨림처럼
갇힌 물에서만 파문으로 자유로운 연경지
수직의 거울이 거기에 있듯
단풍 물들 때마다 돌아보는 붉은 기억은
설레임의 파동을 늘 새롭게 한다.

비틀리며 멀리 돌아 온 시의 길!

공작의 허공

화려한 꽁지깃이 달아날 수 없는 족쇄일 수도 있겠다

싸릿단으로 묶여 있던 꿈도 때가 되면 내보여야 한다며 공작은 햇살 아래 깃을 펼친다

이음새 없는 허공이다. 맨발로 날고 싶었던 내 방황의 어제를 문양으로 이어놓은 듯하다 움츠림도 묶음 단으로 품어야 했음은 하늘 향한 갈증이리라. 청아한 우듬지를 꿈꾸던 내 바람은 왕방울 눈물로 고였다

무모한 날갯짓은 상한 날개를 만들 뿐, 영역 펼친 공작을 보다가 나는 알았다

푸른 정수리에 관을 쓰고도 땅을 딛고 살아야 하는 공작의 생, 펼친 깃털은 분도기의 반경, 얼룩은 몸 안에다 가두었으므로 배경인 하늘은 맑다

연경지에는 연이 없다

1

고추잠자리 한바탕 분탕질이더니
수위 낮아진 연경지 밥상보 같은 평온 일렁인다
수위만큼 낮게 나는 구름 꼬리
내 몸 속 앙금에 칡넝쿨 끼어든다
갈참나무는 하늘에게 편지를 쓰고
꺾어진 가지에 흥건한 진액, 구름은 허무로 흩어진다
꺾이지 않아야 한다며 나무들은
저수지 둑에서 촘촘 길은 수면에 이르러 납작
노을이 발라먹은 나무의 뼈대는
식탁의 빈 그릇 달그락 달그락 흔든다
부레옥잠으로 메우고 싶은 연경지는
보자기 같은 내 속울음 솔기였다

2

연경지에는 연이 없다 부력의 힘보다 두터운 침묵만이
초록 습도를 안고 있어

마음 비워내는 일이란 여유를 가장한 언어로 고독의 외투를 껴입는 것

수초가 가로막는 물결에 독백처럼 풀어놓는 저녁답 어둠은 찌의 부력 잘 맞춰진 낚시라야 잴 수 있다

고인 수위 깊어 연이 머물 수 없듯, 낯설지 않은 일렁임 갈기 세워 시작조차 없었던 사랑은 갈잎 같은 작별을 예견한다

파문진 굴레 안에서만 갇힌 물은 자유롭다

연경지에 연이 없는 이유를 더 이상 묻지 말 일이다
거울이 거기 있었으므로

오래된 첼로

숲의 정수리 물고 있는 솔 향에
낡은 첼로를 놓아둔다

울림 몸통에 스미는 향기
잎 진 가랑이마다 안개를 피워 올린다

타임머신 타고 흑백사진을 벗어나
땅을 디디는 안개
내 발바닥 각도와 가랑이를 벌린다

첼로, 숙성된 떨림

현만으로는 완성되지 않은 삶
활이 닿고 미끄러져서야
숲의 새들은 날아오른다

청솔 위 한 마리 산새가

무수한 문장부호를 남기는 저녁
이제 곧 붉어질 거라며
초록 잎들이 첼로 현을 스친다

당신 가슴 물들면 나도 취하겠다고
조각보 잇듯
붉은 하루를 깁고 있는 단풍들
지난 태풍에 쓰러진 청솔 넓적다리가
첼로라도 된 듯
모서리 없는 빛들을 튕겨낸다

숲이 내는 소리는
이슥고, 술빛처럼 곱다

하늘 주차장

아날로그 주차장에 CCTV를 달 이유가 없다

수동기어를 단 차는 오르기에 급급, 회색 통로로 하늘 오르는 나는 스릴극의 주인공이 된다

천 냥 만을 고집하는 소박했던 삶들은 엑스트라 빌딩 천정을 이고 있어, 헤집는 구멍 경계에서 철조망은 방치 된다. 호기심 번들거리는 눈동자는 윙윙거리는 굉음을 좇아 가속 페달에 발을 얹는다

집, 철거되어 털 시린 고양이 은비의 야옹거림, 비둘기 날개 무덤 부러진 벽화, 머리채 휘감는 쇠비름 손바닥, 마른 비명들이 하나씩 자동차 엘리베이터에서 살아나고 있었다

당신의 아날로그 주차장에서 나는
콩알만한 간을 진단해야 한다

신중하고 빠른 동작으로 단역을 마친 당신은 "두 번의 스릴극은 더 이상 즐기고 싶지 않음"이라고 중얼거리겠지

여름 습도로 구겨지는
꼬리 없는 구름 팻말에 이르러
나는, 간신이 하늘주차장에 오른 듯
하늘이 CCTV 렌즈인 듯
양손 번쩍 치켜들고야 만다

월척 다비

비닐봉지에 담긴 것은 뿌연 밤이다. 낙담 직전의 숨결이 그물에 걸린 것처럼 외면하지 못할 그의 안부는 내 종주먹의 손금을 누른다. 가쁜 숨 몸부림이다 가을날 잡혀온 붕어, 모서리 없는 찜통 안에서 활처럼 휘다

삶이란 더 이상의 항변은 무리인 듯 참기름 옷을 입는 것, 비늘도 주저 없이 벗어 버린 붕어는 뜨거운 바닥에서 다비로 누웠다

당겨진 불꽃이 세포의 낱낱을 부숴뜨린다 맡겨진 배역에 충실했다는 최선의 위로가 된다. 뼛속까지 오글리는 처절함으로 남긴 것은 진국

누가 알아! 손금에 몸 숨기던 절망도 때로는 희망의 낮달로 빠끔거릴지, 그리움의 별은 견장을 달았다. 지느러미부터 타들어 가는 저 다비여

달이 남긴 것은 뿌연 국물뿐이지만, 다시 내 몸에 들어와 피돌기를 돕는 사리가 될 것이다. 운명의 등불이라도 켠 듯 번쩍 뜨는 두 눈

윤 순 희

경남 합천 출생

2014년 고려대학교 대학원 문학예술학과 졸업

2011년 《경상일보》 신춘문예로 등단

suny0196@hanmail.net

어슬렁거리며 살다가, 어느 날 갑자기 저 두꺼비 부자 석상처럼 혀 돌돌 말아 올리고 제 자리에서 굳어버리는 것은 아닐까. 그래서 복 짓고 사는 것일까. 두꺼비와 사람이 복 짓는 세상. 그런 세상에선 좀 더 어슬렁거려도 되지 않을까.

팔거천 연가

여름밤 내내 팔거천변 돌고 또 돌았습니다 아직 물고기 펄떡이는 물 속 물새알 낳기도 하는 풀숲 달맞이꽃 지천으로 피어 십수 년째 오르지 않는 집값 펴지기를 깨금발로 기다리지만 대학병원 들어서면 3호선 개통되면 국우터널 무료화되면 하는 황소개구리 울음 텅텅 울리는 탁상행정뿐입니다

풀숲에서 주운 새들의 알 희고 딱딱한 것들 날마다 수성구를 향하여 샷을 날려 보내지만 죽은 알들은 금호강을 건너지 못하고 팔달교 교각 맞고 튕겨져 나옵니다 겨울이 오기 전에 강을 건너지 못하면 저 물새들 살얼음 낀 물속에서 언 발 교대로 들어 올렸다 내릴 텐데

환하게 타오르던 정월 대보름 달집태우기의 불빛 온기는 어디까지 번져 갈 것인지요

물새들의 울음소리 팔거천 가득 울려 퍼지는 날 낮달 같은 새댁들 강변 가득 붉은 나팔 불며 여덟 갈래 꿈꾸며 비상하겠지요

얼룩남자

바래봉 오를 때 네가 사준 장갑 산 탈 때마다 든든하여 주머니 채 빨았더니 노란 점퍼 발갛게 물든 자국 엊그제 밤 가위눌렸을 때 다독거려주던 손길만큼 선명하다

그을린 머리 부서진 차 연유 물으니 다슬기 주우러 가다 마누라 꿈 땜 내가 했지 마누라 다치는 것보다 나 다치는 게 낫지하며 웃는다 그 얼굴에 핀 미소 바래봉 철쭉보다 환하다

눈 아픈 데는 다슬기가 최고지 아직 차가운 오월의 물속 수십 번 더 굽혔다 폈을 그의 허리 불어서 곱아드는 손 하나하나 주워 올린 것은 별 더디게 오는 사랑 나는 오래도록 별을 갖고 싶었지

씻어내고 또 씻어 해감 토하는 다슬기 비워낼 거 다 비워 낸 나선형의 사랑 푸른 몸짓 그의 더듬이가 밤새 잘그락거린다 너에겐 이렇게 쌉쌀하고 탱글탱글한 사랑만 줄게

네 손등에 떨어진 용접 불똥 자국들 계절이 다 가도록 떨어지고 또 떨어져 얼룩 되었지 그 지울 수 없는 얼룩 속에 또 새롭게 떨어지는 별을 보며 나는 너의 달룩이로 살지

새 신부를 들이다

너는 사각가마 타고 하얀 너울 쓰고 왔지. 너의 발 뽀얗게 불어 버선 쉬이 벗겨지지 않았지. 네 혼수는 황금들판 몇 마지기, 윤기 나는 쌀 몇 포대기, 살찐 메뚜기 폴짝이며 너를 따라 왔지. 네 뽀얀 얼굴에 강낭콩 연지곤지 찍어주며, 오래 같이 살자고 찹쌀 넉넉히 불려 두었지. 냉동실 칸칸 오곡 곡식 쟁여두었지.

저문 들녘 홀로 남겨진 아비의 눈, 내몽고 황사 바람 아니어도 자주 따끔거렸을 것이다. 구부정한 허리 갈대 눈썹 하얗게 날리며 아비는 너를 배웅했을 것이다. 늘 제자리만 맴도는 아비는, 지난여름 씌워 준 밀짚모자 아직 쓰고 있을 것이다. 참새 몇 마리 바람 몇 점에 네 소식 들으며 노을 붉어질 것이다. 첫눈 차곡차곡 쌓여 갈 것이다.

들판의 딸인 너는 첫새벽 들녘 한 귀퉁이 베어다 눈처럼 뽀얀 쌀 씻고 또 씻어 불려둔 찹쌀 찰떡궁합 어우러진다. 아버지 수수밭 붉은 눈물 거두세요. 샛노란 차조 마음 보이시죠? 밤톨 같은 아이들 잘 키워 팥처럼 선명한 밤콩처럼 구수한 오곡 무지개 피우며 살게요. 들판 오래 지키셨던 아버지, 이젠 제가 대신 더운 혼 지필게요.

찹쌀 수수 차조 콩 밤 오색 무지개 피어나는 새 신부의 증기기관차, 칙칙 뜨거운 압력 내뿜으며 생의 먼 길 향한 첫발 뽀얗게 내디뎠다.

두꺼비 부자 석상

갓바위 천삼백 열세 칸 계단길 어디에서든 툭툭 튀어 나왔지
어슬렁거리는 폼 신기해서 지팡이로 툭툭 치면 볼살 잔뜩 부풀렸지
부나방 하얗게 날아든 계단길 가로등 아래 긴 혀 말아 올려 배 채웠지

불쑥불쑥 나타나 더디게 걷는 두꺼비처럼 너의 삶 울퉁불퉁했지
너는 천삼백 열세 칸 계단길 오색비단 둘러 갓바위 부처님께만 약속 지켰지
내게 진 빚 혀 속에 돌돌 말아 올리고서 전생 빚으로 탕감하라는 듯 그만 멀어졌지

홀로 하산하던 늦은 밤, 딱 한번 너를 보았지
부시도록 흰 날개 팔랑이며 자꾸만 내게로 날아드는 너
그 서늘한 흰빛에 소나무도 상수리나무도 한 밤 섬칫했지

살아서도 죽어서도 용이 되지 못한 너
해탈교 건너 산신각에도
해탈교 아래 용왕대신상에도 빌어보지만
닳아빠진 주둥이 목어되어 범종각 종소리 텅텅 울려내고 있지

천삼백 열세 칸 비단 단풍길 밤새 올라 갓바위 부처님 뵙고
어슬렁거리며 내려와 베트남 버려둔 어린 자식 등에 업은
갓바위 초입 관암사冠岩寺 계단 길 끝 두꺼비 부자父子 석상石像

가시꽃

1
봄꽃만큼 짧게 피었다 간 너를 만나고 왔다
무덤가 가시투성이 두릅 네 삶이랑 닮았지만
너는 살아서도 죽어서도 나를 찌르지 않았다
두릅 마디마디 맺힌 끈끈한 진
아직 속살 푸른 너의 가시 똑똑 끊어왔다

2
까칠한 넝쿨 여릿여릿 솜털 가시 곧추세우고
꽃처럼 샛노란 웃음 짓는 참외
비닐하우스 속 가득 맺힌 땀방울
칼바람 속 홀로 잠재운 고뇌 샛노랗다
밭고랑 깊은 황토빛 주름 가시들

3
내리리의 물살 반짝이면
한쪽 눈으로만 반짝이는 명화씨

오이꽃 환한 웃음 뒤에 맺힌
가시투성이 오이
올해도 못해 넣은 한쪽 눈에 노란 꽃만 가득하다

4
운산리 골짝 땅 가득 심은 대추나무
손자 녀석 눈망울 올망졸망
사십 년 넘게 만진 대추나무 가시
암 덩어리 걷어내고 나오는 그의 삶
대추보다 붉고 달콤하여라

윤 은 희

경북 경주 출생
2009년 《무등일보》 신춘문예,
2011년 『시와세계』로 등단
합동시집 『젊은시』 출간

fairandfoul@hanmail.net

음악에 취하면
시가 내 삶을 한 입 베어 먹은 자국을 기억한다.

시간의 힘에 의해 차별 없는 욕망이 스멀스멀 피어오를 때

태양을 탐닉해도 태양은 소진되지 않는다.
태양이 나를 살게 하고
인간의 육신이 시다.

Nothing과 Something 사이의 표리상응

겉과 속

버릇없는 새끼의 지독한 역설
들어 보겠는가
내 속은 겉과 달라*
이아고의 혓바닥에 걸려들면 말장난이 이빨을 드러낸다
진실은 반쯤 벗은 채로 춤을 추는 법
속이고 허둥대는 질투와 복수
겉의 속에서
처음으로 자라고 있던 악의 씨앗
땅 어느 곳에 뿌리를 내리지 않은 것이 없어
눈과 귀를 잃게 하는 아름답지 못한 거짓
겉과 속을 뒤집어라
선의 씨앗이 보인다

---

*『오셀로』 1막 1장

페티시즘의 마리오네트들

1

아담스 채플관 문을 열고 들어갔다

알쏭달쏭 스무 명의 마리오네트들 아이폰4S에 나오는 Steve Jobs 1의 사과처럼 신맛을 본다 Jobs 2가 듣고 있는 음악을 만진다 백 년의 최면에 기대어 Jobs 3의 얼굴에 귀 기울인다 Jobs 4의 손가락이 쇼팽의 피아노와 현을 위한 녹턴을 두드린다

참 우울한 일이야

Jobs 5의 전두엽에 녹아든 마리오네트를 맨드라미 부풀리듯 끄집어낸다

살아있는 척

Steve Jobs의 시뮬라시옹들은 어린 꿈을 환대한다

2

공중그네 타는 스마트폰의 노예들

내일

그리고 오늘

40대 남자의 고장 난 시계처럼 역방향으로 매달려 달렸지
일요일의 스마트 상점들
페티시즘에 사로잡힌 하우라에게 천국계단으로 배웅한다
또한 발목의 줄을 풀고 천천히 날아오르는 꿈
어릴 적 물구나무서기를 하고 바라보았던 세상이다

복제된 Eve, 12시 기차로 떠나네

대구역 플랫폼의 뿌우연 시계는 이중모음으로 댕그랑,
……………………
변모의 시간 12시를 의심해요

Eve 1
어제 저녁 7시
값싸고 먼지 묻은 패각에 묻혀 기차에 오른다
은가루 발린 액자 속의 아빠 유령이 두 팔을 벌렸어요

Eve 2
오늘 아침 5시에
동전이 병 속으로 굴러 들어가듯
만류의 유령이 저금통 기차 속으로 굴렀어요

기차는 시간의 녹빛으로 채색된 몸체들 껴안으며
약강오보격으로 행진한다
배꼽 없는 여자들은

병 속의 시간*으로부터 캘리그라피로 탈주한다

다시
스푸마토의 유령이
병의 목을 움켜쥐고
—장례는 몇 시에 시작되나요

*Jim Croce가 부른 노래 「Time In A Bottle」

Blossoming Almond Tree

꿀벌이 들었다 닫혀버린 꽃의 입술을 수繡 놓는다
숨쉬는 꽃가지, 하— 흐— 뛰고 춤추다
비틀린다
봄빛에 살풋 잠들어 꿈꾸듯 깨어있는 척,
엿듣는다
비단 삼겹 속곳 치마 입고 나뭇가지 위에 앉은 두 여자
생식의 꿀 바르고 연미복 차려입은 신랑 곁에 선다
품었다 밀쳤다 조롱하다
봄볕 아래 일광욕이나 즐기자 꼬드긴다
뻔뻔스레 떠들며 애매모호한 말로 밥 먹는 Equivocator
짜놓은 행주처럼 쪼그라든 여자의 풀죽은 손톱 끝에도
매니큐어 칠한다
만월에 모은 흰 서리 마시고 활짝 웃고 있는
소름 돋는
팜므파탈

불면에 시달린 고흐,

노름꾼의 손놀림으로 만곡 돌면서
캔버스에 입 맞추듯 쪽— 쪽— 두뇌의 꽃 아로새긴다
활짝 핀 아몬드 나무*
21세기 잠든 테크파탈**의 미소로 태어난다

---

*빈센트 반 고흐의 'Blossoming Almond Tree'가 그려진 아트쿨 제품.

**기술을 의미하는 '테크(tech)'와 영향력이 높은 여성을 뜻하는 '팜므파탈(femme fatale)'을 합친 말로, 새로운 IT 제품에 관심을 갖고 적극적으로 사려는 여성 소비자를 일컫는 말이다.

현대사 전당포의 비밀

21세기 전당포는 만원이다
Good Old Days를 향유하시겠습니까

낯선 사기꾼의 이태리제 선글라스

성형수술한 뮤지컬 배우의 루이뷔똥 가방

마음 떠난 약혼자의 스위스제 카르티에

낡은 정치가의 홍보석 박힌 도자기

거식증 여배우의 세공유리병에 담겨 있는 향수

헤어진 허즈의 결혼반지

연적들을 물리쳐야 하는 금사발

한 해 한 번 무도회에서 걸쳤던 사치 부인의 밍크코트

바람난 아내를 후려친 골프채

남장한 바람둥이 비너스의 마블 조각상

젊음이 흘러간 곳을 바라보며 하품하는 시선
전당포 창살에 갇혀
먹고 살기 힘들었던 시대의 멜랑콜리를 비웃는다

| 주소록 |

▪박태진
대구광역시 달서구 성서로 24길 28 (주)태광아이엔씨
T. 010-3257-2711

▪김형범
대구광역시 서구 서대구로 45길 35-19
T. 010-3811-1173

▪신윤자
대구광역시 북구 침산남로 44길 34-1, 2층
T. 010-5047-8055

▪박언숙
대구광역시 달서구 감삼남길 41(반도빌라 102호)
T. 010-3819-4524

▪윤은희
대구광역시 서구 국채보상로 46길 16
T. 010-4752-3133

▪변희수
대구광역시 수성구 노변로 55, 107/402(수성월드메르디앙)
T. 010-6787-7600

▪사윤수
대구광역시 동구 송라로 11길 39, 603/1306(휴먼시아6단지)
T. 010-5028-8895

▪김상윤
대구광역시 수성구 동대구로 73길 31-32
T. 010-4506-0328

▪윤순희
대구광역시 북구 구암로 21길 26, 101/1302
T. 010-3540-0196

13시

초판 인쇄 2015년 12월 15일
초판 발행 2015년 12월 20일

지은이 / 13시 동인
펴낸이 / 박 진 환

펴낸 곳 / 만인사
출판등록 / 1996년 4월 20일 제03-01-306호
주소 / 700-813 대구광역시 중구 명륜로 116
전화 / (053)422-0550
팩스 / (053)426-9543
전자우편 / maninsa@hanmail.net
홈페이지 / www.maninsa.co.kr

ISBN 978-89-6349-084-7 03810

값 10,000원

* 이 도서의 국립중앙도서관 출판시도서목록(CIP)은 서지정보유통지원시스템 홈페이지(http://seoji.nl.go.kr)와 국가자료공동목록시스템(http://www.nl.go.kr/kolisnet)에서 이용하실 수 있습니다(CIP제어번호 : CIP2015033812).